EMPRUNT

OU

CESSION DU RÉSEAU DE L'ÉTAT

PAR

Octave NOËL

PARIS

GUILLAUMIN ET Cie, LIBRAIRES

Éditeurs du Journal des Économistes, de la Collection des principaux Économistes
du Dictionnaire d'Économie politique,
du Dictionnaire universel du Commerce et de la Navigation, etc.

14, RUE DE RICHELIEU, 14

1884

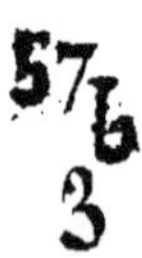

EMPRUNT

ou

CESSION DU RÉSEAU DE L'ÉTAT

PAR

Octave NOËL

PARIS

GUILLAUMIN ET Cie, LIBRAIRES

Éditeurs du Journal des Économistes, de la Collection des Principaux Économistes,
des Économistes et Publicistes contemporains,
du Dictionnaire d'Économie politique,
du Dictionnaire universel du Commerce et de la Navigation, etc.

14, RUE RICHELIEU, 14

—

1884

EMPRUNT

OU

CESSION DU RÉSEAU DE L'ÉTAT

Les embarras de notre situation financière, accrus, dans le cours des derniers mois, par les exigences de la campagne coloniale et par les moins-values constantes des recettes budgétaires, provoquent de nouveau la sollicitude du gouvernement et les études des hommes spéciaux. La Commission parlementaire chargée de régler les conditions financières de l'exercice prochain fait, à la vérité, de louables efforts pour réduire les dépenses des administrations publiques et pour ramener au chiffre des recettes probables le montant des crédits à ouvrir; mais les difficultés naissent sous chacun de ses pas; le problème se complique à mesure qu'elle avance dans les détails de son enquête, et il est peu probable qu'elle réussisse, sans de nouveaux sacrifices que le présent ne saurait supporter et que l'avenir ne ratifiera certainement pas, ou sans des expédients impuissants, à créer un équilibre réel et inébranlable.

Le déficit, un instant conjuré, reparaît, avec plus de vigueur qu'auparavant, et il grandit tous les jours ; les impôts de consommation, arrêtés dans leur essor par la crise industrielle et commerciale qui sévit avec plus de rigueur chaque jour, ne répondent plus aux prévisions, et, depuis dix-huit mois, leur rendement est inférieur, non seulement aux calculs de l'administration, mais encore aux résultats définitifs des exercices antérieurs.

Un pareil état de choses est assurément fait pour jeter le trouble dans l'opinion et pour stimuler le zèle ou l'ingéniosité de ceux que la confiance du pays a placés à la tête des affaires publiques. Aussi, ne sommes-nous pas surpris, qu'en prévision de l'impossibilité de faire face, avec les ressources existantes ou espérées, aux nécessités du présent et aux exigences de l'avenir, plusieurs systèmes aient été mis spontanément au jour. Parmi ces derniers, le plus important à tous égards, le seul ou presque le seul, en fin de compte, vers lequel aient convergé toutes les résolutions, est l'EMPRUNT que quelques journaux, connus par leurs attaches officielles, ont essayé de présenter naguère comme le moyen unique de salut.

Cette solution, bien que confusément formulée, a produit, nous devons le constater, une émotion universelle, et le marché des capitaux, que le moindre souffle extérieur impressionne, s'y est montré, au premier abord, peu favorable. Il a cru voir dans cette opération moins un allègement pour le présent qu'une aggravation pour l'avenir des engagements du Trésor et des charges des contribuables, et il a manifesté sa répugnance par des signes non équivoques, dont une partie de la presse financière et politique s'est faite d'ailleurs l'interprète.

Nous croyons que ces inquiétudes sont en général justifiées

et que, dans les conditions économiques actuelles, l'emprunt ne saurait être qu'un expédient et un danger pour le crédit national. Nous sommes convaincu que le Grand-Livre de la Dette est trop chargé déjà, relativement à notre revenu, et qu'il doit demeurer désormais fermé, tant que notre honneur et notre intérêt n'en décideront pas autrement, et qu'on n'aura pas épuisé tous les autres moyens de satisfaire aux engagements du Trésor. Ce dernier terme n'a pas été franchi, et, avant d'entrer dans la voie de l'emprunt, nous croyons que le gouvernement peut et doit s'arrêter, à une solution, à notre sens plus pratique, plus rationnelle, que les esprits sages et judicieux lui ont, à diverses reprises, indiquée comme la seule qui puisse mettre fin aux tourments de l'heure présente : c'est l'abandon par l'Etat du réseau ferré qu'il s'est constitué dans le sud-ouest de la France.

CAUSES DU DÉFICIT. — SITUATION DU RÉSEAU
DE L'ÉTAT

Il est presque banal aujourd'hui, tant les faits sont probants, d'insister sur l'origine et sur les causes de nos embarras financiers. Personne n'ignore qu'elles remontent à l'éclosion du programme de travaux publics dont M. de Freycinet s'est fait le promoteur, et à la mise en pratique duquel ses successeurs et lui, ainsi que les Assemblées qu'ils inspiraient, préludèrent par le rachat et par l'exploitation des lignes du sud-ouest de la France tombées dans l'impuissance.

A cette date (1878), le pays, délivré des préoccupations de sa rançon et déjà réorganisé en partie, avait repris ses habitudes de travail ; l'activité régnait comme par le passé, et la prospérité semblait renaître dans la presque unanimité des branches de l'industrie et du commerce. Les impôts nouveaux, comme les anciens, rendaient au delà des prévisions les plus optimistes ; le mouvement général des affaires, grandissant sans cesse sous la pression des besoins, avait peu à peu permis à l'épargne de se reconstituer, et, malgré l'accroissement rapide que les annuités des emprunts nationaux et les dépenses des grands services publics imposaient au budget, les plus-values de l'impôt étaient si considérables qu'elles laissaient chaque année des excédents s'élevant à deux cent millions de francs et destinés même à dépasser deux cent-cinquante-sept millions (1).

Le gouvernement crut pouvoir dès lors inaugurer une ère nouvelle d'entreprises, et sa pensée se tourna vers l'extension du réseau ferré que lui semblait provoquer l'immense courant de transactions auquel il assistait. Il n'attribuait pas alors au plan total le développement exagéré qu'il a pris plus tard ; il entendait en subordonner l'exécution aux ressources disponibles ou probables du budget, et l'émission de rentes amortissables destinées à fournir les fonds immédiatement nécessaires à cette œuvre de longue haleine devait, en tout état de cause, être proportionnée aux excédents non employés et libres des recettes budgétaires. Mais, derrière le gouvernement, n'avait pas tardé à se former un parti puissant qui, fort de l'appui du Parlement, allait tenter de donner un corps à la doctrine de l'absolutisme d'État et de se servir des chemins de fer comme d'un instrument de parti et d'influence. La théorie de l'exploitation gouvernementale, présentée sous les couleurs les plus favorables, ne tarda pas à l'emporter, malgré les protestations presque unanimes du pays, et elle trouva sa formule dans la loi du 11 juin 1878 qui plaça les lignes des Charentes, de la Vendée et autres de la même région sous la main de l'autorité publique et constitua le réseau de l'État.

Cette expérience nécessita tout d'abord une somme de 500 millions de francs destinée à couvrir le capital et l'intérêt dus aux Compagnies rachetées ainsi que les dépenses de travaux d'achèvement des lignes en construction, et donna naissance à un nouveau livre de la Dette publique.

Le réseau constitué, il fallait le faire vivre.

Sauf les chemins des Charentes et de la Vendée, présentant un parcours assez étendu et un débouché naturel sur les grandes artères exploitées des Compagnies d'Orléans et de l'Ouest, la plupart des autres lignes étaient isolées du chemin principal et se composaient, sur beaucoup de points, de tronçons infimes, mal établis, souvent inachevés, sans valeur et incapables de se suffire à eux-mêmes. La spéculation qui leur avait donné nais-

______

(1) Voir notre Étude sur la situation financière. — Guillaumin et Cⁱᵉ, 1884.

sance ne s'était pas préoccupée de leurs moyens d'existence ni surtout de leur avenir, et l'Etat ne pouvait espérer les ranimer qu'en les soudant à des réseaux plus favorisés ou en leur donnant des prolongements vers les grands centres de production et de consommation. Aux dépenses primitives d'acquisition on dut en ajouter de nouvelles, d'autant plus lourdes et répétées que le Gouvernement, pressé par la majorité parlementaire, impatiente d'utiliser, dans un intérêt plus électoral qu'économique, ce puissant agent que les circonstances plaçaient dans ses mains, songeait à reculer les bornes de son acquisition et à la débarrasser des lisières étroites dans lesquelles elle était maintenue par les actes primitifs de concession. Les concessions de lignes nouvelles se succédèrent en conséquence presque sans interruption, et, en décembre 1883, l'étendue totale du réseau officiel était portée à 2,622 kilomètres, dont 2,084 en exploitation, 530 en construction et 8 à construire (1), le tout ayant exigé jusqu'ici une dépense totale de plus de six cents millions de francs.

Depuis le jour où ce réseau est passé des mains de ses propriétaires primitifs dans celles de l'État, quelle a été son existence ? Quel résultat a été produit ?

Nous avons vu que, grâce aux efforts continus du Parlement, son étendue absolue atteint actuellement 2,622 kilomètres (2). Comparée aux grandes Compagnies qui contribuent à former le réseau national, l'entreprise officielle tient donc, sous ce rapport spécial, une place très honorable : son parcours est, en effet, plus considérable que celui du Nord qui ne compte que 2,157 kilomètres, et il est presque aussi important que l'espace exploité par les Compagnies du Midi, de l'Est et de l'Ouest qui

(1) Bulletin de statistique du ministère des travaux publics. Actuellement le nombre de kilomètres en exploitation sur le réseau de l'Etat est de 2,143 (octobre 1884).

(2) Il faut ajouter à ce chiffre les chemins décrétés et non concédés et les chemins à l'étude qui comprennent : les premiers 9,722 kilomètres et les seconds 4,165 kilomètres, soit au total 13,887 kilomètres dont la charge retombe entièrement sur le Trésor.

comptent, le premier 3,000, le deuxième 3,159 et le troisième 3,236 kilomètres (1).

Mais si nous l'examinons au point de vue purement économique, le rapprochement n'est plus soutenable, et un simple coup d'œil sur la carte des chemins de fer suffit à démontrer qu'il n'a pas les éléments de vitalité qui distinguent et caractérisent au plus haut degré les six grandes Compagnies déjà existantes. En effet, si au Sud-Ouest, les dernières conventions votées en novembre 1883 lui ont ouvert un passage vers la mer par l'annexion de la ligne de Poitiers à la Rochelle distraite du propre réseau de la Compagnie d'Orléans, partout ailleurs son action est bornée, et il ne peut correspondre, soit avec Paris, soit avec les centres principaux de consommation ou de production qu'en empruntant les lignes des Compagnies voisines auxquelles il lui faut naturellement abandonner une partie de sa recette. De quelque côté qu'on l'envisage, on le trouve enchevêtré dans les réseaux qui l'avoisinent. La plupart de ses lignes sont détachées du tronc principal et séparées le plus souvent les unes des autres, soit par les grandes voies, soit par des chemins secondaires d'intérêt général ou local ; au Nord comme au Midi, à l'Est comme à l'Ouest, il est tellement tenu à l'étroit, qu'il se trouve dans une impossibilité presque absolue de se mouvoir librement et avec profit. On sent que tous ces chemins ont été créés non par suite d'un plan préconçu et avec la pensée de les faire vivre à une heure donnée de leur

(1) Situation au 31 décembre 1882 :

		Kilomètres exploités	En construction	A construire	Totaux	Total général
Nord.	Ancien réseau.	1.358	5	»	1.363	
	Nouveau réseau.	711	83	»	794	2.157
Midi.	Ancien réseau.	820	60	»	880	
	Nouveau réseau.	1.518	465	137	2.120	3.000
Est.	Ancien réseau.	601	»	1	602	
	Nouveau réseau.	2.210	223	124	2.557	3.159
Ouest.	Ancien réseau.	900	»	»	900	
	Nouveau réseau.	2.247	69	20	2.336	3.236
Orléans.	Ancien réseau.	2.017	»	»	2.017	
	Nouveau réseau.	2.342	»	»	2.342	4.359
P.-L.-M.	Ancien réseau.	4.750	302	114	5.166	
	Nouveau réseau.	1.576	174	69	1.819	7.129
	Réseau spécial	144	»	»	144	

vie propre, mais afin de répondre à des exigences locales, à des pressions impatientes et souvent même à de pures spéculations.

On est appelé à reconnaître qu'un grand nombre de ces voies ne répondent pas à des besoins réels, qu'elles sont hors de proportion avec les ressources présentes ou futures des contrées parcourues et qu'elles n'ont chance de s'animer et de produire qu'en servant efficacement d'affluents à des artères puissantes déjà en possession du trafic.

Il n'est pas permis de croire qu'avec de pareils vices de constitution, le réseau soit viable. Son isolement ne peut qu'accroître ses difficultés présentes et l'insuffisance de ses moyens d'action ; sa conformation même est un sujet de dépenses dont les autres Compagnies sont exemptes, et elle rend nécessaire, par la multiplicité des transbordements qui en résultent, l'entretien d'un personnel nombreux dont l'existence se traduit par des frais considérables de main-d'œuvre et autres, toutes charges qu'un industriel bien avisé tend ordinairement à restreindre ou à supprimer. De plus, le mouvement commercial, industriel et agricole des contrées qu'il dessert, bien que se développant sans cesse, n'est pas appelé à lui fournir de longtemps les éléments d'une prospérité assez grande pour lui permettre de couvrir les frais de premier établissement ou d'exploitation, et de mener à bonne fin les améliorations de matériel, de tarifs, de vitesse et de régularité que ses promoteurs ont tant de fois promises aux populations comme un dédommagement à leurs sacrifices.

Les conventions de 1883 n'ont pu modifier sensiblement cet état de choses ; elles ont rectifié, dans une certaine mesure, les irrégularités les plus choquantes du tracé, soit au moyen d'échanges avec les Compagnies limitrophes, soit par des concessions nouvelles ; mais l'œuvre, dans son ensemble, n'en demeure pas moins avec toutes ses défectuosités originelles, et celles-ci suffisent à entraver son essor et ses progrès.

Dans de pareilles conditions, il eût été puéril d'espérer des résultats financiers satisfaisants : aussi, considéré à ce point de vue spécial, le compte du réseau de l'État présente-t-il un singulier contraste avec le reste du réseau national. Tandis que, sur les six Compagnies constituées en 1859, quatre vivent de leurs propres recettes, et que les deux autres réduisent chaque année la valeur du concours que l'État s'est engagé à leur prêter pour l'extension de leur réseau secondaire, les lignes dont l'État s'est réservé l'exploitation, non seulement ne peuvent couvrir leurs frais, mais encore présentent une insuffisance dépassant annuellement 20 millions. L'authenticité de ce chiffre est irréfutable et ressort tant des calculs effectués par l'administration compétente que des documents budgétaires soumis au contrôle des Chambres.

D'après ces comptes, les frais d'achat et de premier établissement du réseau de l'Etat s'élevaient, au 31 décembre 1882, à 510,231,000 francs auxquels sont venues s'ajouter les dépenses de construction des chemins nouveaux annexés aux anciens, ou de réfection des voies pour l'exercice 1883, d'une valeur de 80 à 90 millions, soit au total environ six cents millions de francs. Pour faire face à ces dépenses, le Trésor a dû s'adresser au crédit, et le livre de la Dette amortissable a reçu, à diverses reprises, des inscriptions dont les annuités s'élèvent actuellement, pour l'intérêt et l'amortissement des capitaux engagés, à près de trente millions de francs. De ce fait ressort en conséquence, pour le Trésor, une charge annuelle de trente millions de francs en chiffres ronds, à laquelle vient s'ajouter la moins-value des recettes sur les dépenses. Dans les trois premières années de l'exploitation, le déficit constaté dans les recettes nettes budgétaires était d'environ 3 à 4 millions, si l'on tient compte des dépenses du personnel inscrites au budget ordinaire et extraordinaire du ministère des Travaux publics ; à partir de 1881, le déficit disparaît soudain pour faire place à un excédent qui, de 1 million et demi de francs environ, s'est élevé à 4 millions, chiffre que l'administration fait figurer dans ses prévisions de l'exercice courant (1884). Or ces chiffres, si officielle que soit leur origine, puisqu'ils sont relevés sur les états budgétaires préparés par le ministère des Travaux publics, ne sauraient être acceptés sans examen et sans contrôle. Il est constant que, dans la somme de 26,949,360 francs à laquelle sont évalués les frais d'exploitation pour 1884, ne sont pas compris des crédits considérables affectés à la réfection de la voie, à l'entretien du matériel et aux traitements du personnel de construction que la Compagnie attribue à tort au compte de premier établissement et que la comptabilité du ministère fait ainsi passer du budget ordinaire, où ces dépenses devraient figurer, au budget sur ressources extraordinaires alimenté par l'emprunt.

Eût-on quelques doutes sur ce point, que les déclarations de la Cour des Comptes les feraient évanouir. Parcourons ce passage du Rapport sur les comptes de 1879 présenté en août 1883 au Président de la République par le premier président de la Cour des Comptes : « La Cour a fait ressortir le défaut de justifications des produits de l'exploitation dont l'inscription en recette n'était appuyée que d'un certificat d'imputation, par lequel le directeur prescrivait au caissier général d'inscrire dans sa comptabilité la somme formant *le montant des recettes constatées par le service du contrôle et de la comptabilité commerciale* ».

« Le Département des travaux publics avait ajourné sa réponse et ses observations en attendant que l'administration des chemins de fer de l'État, consultée par lui, eût fait connaître son avis sur la suite dont elles auraient paru susceptibles. Cette réponse n'est pas encore parvenue (1), et les recettes de 1879 (grande et petite vitesse) qui se sont élevées à 14,944,880 francs 35 centimes ne sont encore appuyées que d'un *certificat d'imputation* délivré en bloc par le directeur et constatant seulement que le caissier général a été autorisé à prélever le montant de cette somme sur la masse des *recettes à classer*. Telle est également la seule justification produite pour une somme de 175,504 fr. 10 faisant partie des recettes en dehors du trafic. »

Depuis lors, les observations du grand corps judiciaire sont demeurées sans effets, et, malgré la présence à la tête du Conseil d'administration des chemins de fer de l'État d'un président de chambre à la Cour des Comptes (ce qui nous paraît contraire au principe de la division des pouvoirs et peut-être même à

(1). Le rapport de la Cour des Comptes, auquel est empruntée cette citation, était remis au Président de la République au mois d'août 1883, et les comptes auxquels cette observation s'appliquait appartiennent à l'exercice 1879.

l'équité), le Ministère des travaux publics a continué à confondre les services du chemin de l'État avec ceux de l'administration centrale et à fausser la comptabilité normale de l'administration du chemin de fer de l'État en faisant supporter par le compte de premier établissement des dépenses d'exploitation qui, dans toute comptabilité bien tenue, figurent au chapitre des frais généraux erdinaires.

Un simple coup d'œil sur le compte d'administration des chemins de fer de l'État, pour l'exercice 1881, témoigne de l'exactitude de cette assertion. Il résulte des écritures insérées dans ce document, que deux sommes, l'une de 829,756 francs destinée à l'entretien du personnel et au paiement des frais généraux, l'autre de 1,443,907 francs allouée pour plus-values de voies renouvelées, soit en totalité 2,273,663 francs sont imputées au compte d'établissement alors que, dans les comptes de toutes les autres Compagnies, ces dépenses figurent naturellement et obligatoirement au compte d'exploitation (1), C'est à l'aide de semblables contrepassements d'écritures que condamne la morale financière et que relève, avec tant d'insistance, la Cour des Comptes, que l'administration a pu obtenir un pourcentage relativement faible dans la proportion de la dépense à la recette. D'après la comptabilité présentée par le Conseil d'administration du réseau de l'État, la dépense kilométrique moyenne des lignes qu'il exploite serait de 8,532 francs, et la recette moyenne de 10,247 francs, donnant comme frais d'exploitation un rap; ort de 83,68 0/0. Or, en ajoutant au chiffre de la dépense les frais cités plus haut que le comptable du chemin de l'État fait subrepticement passer au compte de premier établissement dont l'emprunt est chargé de couvrir les frais, on obtient, en réalité, une dépense kilométrique de 9,882 francs qui fait ressortir une proportion de 95 0/0 de la dépense à la recette. Sur le réseau d'Orléans, les lignes de même étendue et situées dans une région identique n'exigent qu'une dépense de 8,407 francs par kilomètre; la recette y étant de 11,769 francs,

---

(1) Compte d'administration des Chemins de fer de l'État pour 1881, ages 17, 18, 142, 152 et suivantes.

e rapport de la dépense à la recette ne s'élève donc pas au delà de 71,45 0/0 par an (1).

Quoi qu'il en soit, nous consentons, pour simplifier nos calculs, à adopter les résultats avoués par la direction des chemins de fer de l'État, pour l'exercice en cours, c'est-à-dire un excédent de 4 millions de francs. En retranchant cette somme de celle qui est destinée à couvrir les intérêts et l'amortissement des capitaux de rachat et d'organisation, on arrive encore à une différence de 26 millions en moyenne par année à la charge du Trésor.

Ce n'est pas tout.

En s'emparant des lignes qui composent maintenant son réseau, et en créant, pour payer le prix de leur acquisition, un type de rente dotée des avantages de la rente perpétuelle, l'État a privé le Trésor des bénéfices que les lois fiscales lui attribuent sur tous les titres de crédit émis par les Sociétés industrielles ou par toute autre Compagnie de chemin de fer. Parmi ces bénéfices figurent, en première ligne, les droits de timbre et de transmission ou de transfert et l'impôt sur le revenu.

Or, la brèche faite aux revenus publics est, sous ce rapport, assez sensible. En 1878, au moment où se constitua le réseau gouvernemental, le prix moyen des obligations émises par les Compagnies limitrophes de l'Ouest et d'Orléans était de 365 fr. Pour obtenir les 500 millions jugés nécessaires à l'exécution de la loi du 11 juin, et que de nouveaux crédits ont élevés à la somme de 600 millions, les Compagnies auxquelles la rétrocession des lignes du Sud-Ouest et de leurs annexes revenait naturellement, auraient dû créer environ 1,644,000 obligations dont le timbre, à raison de 30 centimes par titre, eût rapporté au Trésor public une somme approximative de 493,000 francs qui lui a fait défaut .En outre, le revenu annuel de ces titres eût été frappé d'abord de l'impôt de 3 0/0 établi par la loi du 30 juin 1872, et ensuite du droit de transmission qui, perçu au taux de 20 centimes par 100 francs et variant avec le cours de la valeur à laquelle il est appliqué, équivaut à un prélèvement

(1) Extrait des états n° 15, publiés par le Ministère des travaux publics.

de 1 fr. 15 à 1 fr. 20 par titre et par année, atteignant en moyenne le douzième du revenu de chaque obligation.

Le nombre de ces dernières sur lesquelles l'impôt eût été répété étant de 1,400,000, c'est encore une somme de 1,610,000 à 1,680,000 francs que l'opération a fait perdre à l'État et qu'il nous faut ajouter au passif de son réseau. En récapitulant tous ces chiffres, nous constatons que l'entreprise conçue en 1878 et poursuivie opiniâtrément jusqu'ici a accru la Dette publique d'un capital très supérieur à un demi-milliard, et qu'elle contribue au déficit des budgets dans la proportion de 28,100,000 francs par année, dont 26 millions pour les intérêts et l'amortissement du capital engagé dans le rachat des lignes primitivement exploitées par des Compagnies privées, déduction faite des excédents relatés dans les produits de l'exploitation, et 2,120,000 francs en chiffres ronds, pour la part de bénéfices en numéraire qu'elle soustrait à l'État.

Est-il permis de croire à une amélioration ultérieure assez rapide à l'avenir pour que les sacrifices du Trésor trouvent leur compensation dans les recettes nettes du trafic ?

C'est peu probable, et l'auteur du plan de 1878, M. de Freycinet, reconnaissait déjà lui-même, dans un rapport du 2 janvier de cette même année, que les nouvelles lignes seraient *peu productives*. Il aurait pu se montrer plus affirmatif, étant donné l'état économique des régions desservies ; mais l'expérience s'en est chargée, et ses conséquences dépassent toutes les prévisions. Sur un certain nombre de lignes ouvertes depuis cinq ans et appartenant aux grandes Compagnies, on a relevé une insuffisance kilométrique moyenne de 4,800 francs environ. Or, ces lignes sont bien situées relativement aux chemins secondaires du réseau de l'État, et elles ont l'avantage d'être greffées sur des lignes puissantes, d'un trafic considérable et organisées de manière à donner aux embranchements nouveaux un aliment chaque jour plus important. Les lignes que l'État a prises à sa charge ou qu'il construit sont destinées à recueillir un trafic bien inférieur à celui des lignes comprises dans les Compagnies monopolisées : il n'est donc pas téméraire de prévoir pour elles une insuffisance au moins égale Or, si les insuffisances des embranchements des grandes voies sont couvertes par l'excédent des lignes rémunératrices, il n'en est pas de même pour les lignes du réseau de l'État, dont nous avons montré la faiblesse, et les déficits produits sur les tronçons nouveaux sont appelés à grossir encore, dans un avenir très rapproché, les charges du Trésor en proportion du nombre de kilomètres ajoutés au réseau existant.

Toutes ces dépenses, tous ces projets votés et réalisés en partie depuis 1878 ont eu pour résultat, d'une part, de donner un essor exagéré à toutes les entreprises de travaux publics, et, d'autre part, de grever le budget dans une mesure qui dépasse les ressources du pays. Pour satisfaire aux exigences et aux impatiences de la majorité parlementaire, le gouvernement a commis l'imprudence de commencer la construction des voies ferrées sur tous les points à la fois, d'établir des chantiers simultanément sur une étendue de près de 6,000 kilomètres, et, par conséquent, d'accroître facticement le coût du travail entrepris en provoquant la hausse des salaires et des matériaux de construction. Les crédits se sont accumulés, en même temps que diminuaient les rentrées d'impôts, et les pouvoirs publics se sont trouvés acculés au déficit, sans pouvoir y faire face et surtout sans ressources suffisantes pour continuer l'œuvre commencée. Les conventions de 1883 sont intervenues à propos pour tirer le gouvernement de l'impasse où son imprévoyance l'avait engagé, et, en assurant l'achèvement intégral du réseau, elles enlèvent au Trésor les soucis d'échéances dont les déficits actuels rendent le règlement de plus en plus problématique ; mais il ne faut pas oublier qu'elles laissent à la charge de l'État non seulement la construction ou l'achèvement d'un certain nombre de lignes concédées, mais encore les intérêts des sommes avancées au Trésor par les grandes Compagnies, le tout devant se traduire par des annuités variant, dans un délai assez rapproché, entre 80 et 120 millions de francs ; il n'est pas non plus permis d'ignorer que ces mêmes conventions de 1883 ont surpris les grandes Compagnies au milieu d'une crise économique qui pèse lourdement sur leurs recettes, et que, si elles ont accru, dans une large mesure, les charges de leur administration, elles ont engagé également le Trésor dans une proportion que l'avenir seul fera connaître. Quoi qu'il en soit, nous ne saurions passer sous silence que la garantie d'intérêt accordée aux Compagnies, qui s'était atténuée sensiblement dans le cours des années précédentes a grossi subitement jusqu'au chiffre de 39 millions de francs inscrit au budget de 1885, que les recettes nettes des lignes prises dans leur ensemble ont sensiblement fléchi dans le cours des dernières années et que la Compagnie de Paris à Lyon et à la Méditerranée, qui jusqu'alors n'avait jamais fait appel au concours de l'Etat, figure dans le montant de la garantie accordée par le Trésor, en faveur de l'exercice prochain, pour une somme de 6 millions de francs.

En dehors de cette question du réseau tertiaire que les grandes Compagnies, disons-nous, se sont engagées à mener à bonne fin, il en est d'autres dont l'État ne peut ou n'ose se dégager, et pour la solution desquelles il lui faut se résigner, pendant de longues années encore, à des sacrifices très onéreux et peut-être hors de proportion avec les ressources prévues. Dans le nombre apparaissent l'achèvement du réseau de l'Etat dont le Gouvernement n'a pas cru devoir abandonner la direction et l'exploitation, de même que l'aménagement et l'amélioration des ports, canaux et rivières. Pour cette seule catégorie de travaux relatifs à la navigation, la dépense était évaluée par le ministre des Travaux publics, dans une discussion au sein de la Commission du budget de 1883, à 2,645,000,000 et l'on prévoyait que cette somme serait dépassée.

Ainsi, tant pour la circulation fluviale ou maritime que pour la circulation sur les voies ferrées, les plans ont dépassé les limites de ce qui était raisonnable ; c'était, au début de l'entreprise, et c'est encore l'avis d'un grand nombre d'esprits sensés. L'un d'eux même dont on ne peut mettre en doute ni la compétence, ni dans l'espèce l'impartialité, M. Lesguiller ingénieur, député et ancien directeur des chemins de fer de l'État, disait en 1882, dans un discours tenu devant ses électeurs : « Le plan de M. de Freycinet est défectueux et il se résume ainsi : quelques petits canaux, sans utilité réelle, donnant une satisfaction apparente à des appétits locaux ; beaucoup de millions éparpillés dans de petits ports, tandis que nos grands ports restent dans l'abandon. »

3

Les travaux n'en ont pas moins été entrepris un peu partout; l'annuité nécessaire pour couvrir le capital de la rente émise à cet effet s'accroît sans cesse, et, à une heure donnée, ce capital grossira le chapitre des capitaux remboursables d'un montant de 125 à 150 millions (1) de francs.

Quant au réseau de l'État, ses dépenses ne peuvent qu'augmenter; déjà, pour 1885, le gouvernement réclame une augmentation de crédits de 5.323.550 francs ; de plus, l'établissement et l'insuffisance de la plupart des lignes non concédées, mais acceptées par la Commission supérieure des chemins de fer lui incombant, les crédits qu'il absorbera pour y faire face, grèveront le budget d'une somme qui ne peut s'évaluer pour l'instant à moins de 50 millions par année (2), et qui tendra désormais à s'accroître (3).

Enfin se présente la réalisation des engagements formulés dans plusieurs lois d'ordre général, telles que celles qui concernent soit l'enseignement et le matériel scolaire, soit l'achèvement des chemins vicinaux, pour l'exécution desquelles des crédits extraordinaires, atteignant au total 900 millions de

---

(1) Pour 1885, le projet de budget des dépenses extraordinaires du ministère des travaux publics, comporte, pour cette catégorie de travaux une dépense de 45 millions de francs, dont :

11.500.000 francs pour l'amélioration des rivières ;

15.500.000 francs pour l'établissement et l'amélioration des canaux de navigation ;

18.500.000 francs pour l'amélioration et l'achèvement des ports maritimes.

(2) Pour 1885, les études et travaux de chemins de fer exécutés par l'État exigent 47.600.000 francs, et les travaux de réfection et de parachèvement des lignes exploitées par l'administration, une somme de 5 millions, soit au total 52.600.000 francs.

(3) Dans l'exposé des motifs du projet de budget pour 1885, le ministre des finances dit : « Le ministre des travaux publics ne peut songer à suspendre les travaux en cours d'exécution dont non seulement l'utilité est incontestable, mais qui ont donné lieu à des marchés qu'il est impossible de rompre sans courir le risque de procès et de difficultés inextricables. La plupart des travaux de chemins de fer compris dans le programme de 1878 seront exécutés par les Compagnies en vertu des conventions que vous avez ratifiées l'année dernière; mais il en reste un certain nombre au compte exclusif de l'État, qui sont commencés et qu'on ne peut laisser inachevés. Il en est de même de beaucoup d'autres travaux de canaux, de rivières et de ports, dont les chantiers sont ouverts. »

francs, ont été votés, et ce chiffre doit s'accroître encore de 700 millions, s'il faut en croire le langage tenu par M. Jules Ferry lors de la distribution des prix de l'Association philotechnique, le 3 juillet 1882.

A un tel passif, quel actif le Trésor peut-il opposer ?

Les documents statistiques que l'administration des finances publie régulièrement tous les mois sont là pour nous éclairer. Depuis trois ans, le déficit s'est introduit dans nos finances. Malgré les expédients ou les moyens extrêmes, tels que la consolidation des fonds des caisses d'épargne et la conversion du 5 0/0, employés pour le conjurer, il persiste sous la pression des dépenses croissantes des administrations publiques, et il tend même à s'affirmer avec d'autant plus de force, que les produits des contributions indirectes s'amoindrissent sans cesse et ressortent désormais, non seulement avec des moins-values sur les prévisions budgétaires, mais encore avec une diminution sensible relativement aux résultats des années antérieures (1).

Toutes les ressources actuelles sont employées ou affectées, et le gouvernement se trouve aujourd'hui dans l'impossibilité de faire face aux entreprises et aux programmes dont l'exécution a été l'objet de lois discutées et approuvées. Les commissions budgétaires essaient bien, à la vérité, de remédier au mal en atténuant les crédits demandés par les services publics et en imposant des réductions importantes à tous les départements ministériels ; celle du budget de 1885 a bien déjà opéré, pour l'ensemble des crédits inscrits au projet de loi présenté par le ministre des finances, une atténuation de 60 millions environ. Mais ces économies en perspective ne sauraient suffire à couvrir les exigences du présent, à payer les dépenses que réclame maintenant la campagne de Chine et du Tonkin pour laquelle des crédits importants sont sans cesse dévorés avant d'être accordés ; non plus qu'à l'organisation des services de la Tunisie et à la constitution de l'armée coloniale. Il faudrait, en

---

(1) Bulletin de statistique du ministère des finances. = Septembre 1884. — Pour les huit premiers mois, la moins-value est de 44 millions et demi et la diminution sur 1883, de 12 millions et demi.

outre, ne pas connaître les habitudes de l'administration française, pour croire que les réductions effectuées par les commissions sont définitives, et que les ministres ne reprendront pas, sous forme de crédits supplémentaires, dans le cours de l'exercice, l'équivalent des sacrifices qui leur sont imposés maintenant et auxquels ils se résignent à regret.

A quelque point de vue qu'on se place, il est hors de doute que les pouvoirs publics devront se décider bientôt à faire un effort extraordinaire, s'ils ne veulent s'exposer à de cruels embarras. Or, deux procédés seulement s'offrent à eux avec des conséquences différentes, mais sérieuses et efficaces : 'emprunt ou la cession du réseau de l'État.

EMPRUNT OU CESSION DU RÉSEAU DE L'ÉTAT.

L'idée de l'emprunt est, à vrai dire, celle qui, la première, devait naturellement s'offrir à l'esprit des spéculateurs ou du public indifférent, et nous ne sommes pas surpris qu'elle ait trouvé accès dans le monde de la politique et de la finance. Aux yeux d'un grand nombre de personnes, l'emprunt a l'avantage de procurer immédiatement des sommes considérables en rapport avec l'importance des dépenses auxquelles il doit faire face, et de n'exiger, au taux courant de l'intérêt des capitaux sur le marché, qu'une somme annuelle relativement faible pour le service des annuités, comprenant les intérêts et l'amortissement.

Quelque attrayante que soit, en général, cette perspective, nous craignons que, en l'état des finances de la République, le choix de l'emprunt ne soit à la fois un danger et une faute : un danger pour le crédit public déjà lourdement influencé par la quantité considérable de titres de même nature en existence ; une faute, au point de vue du but à atteindre.

Ce sentiment s'est d'ailleurs manifesté avec une certaine vivacité au sein de l'opinion, quand le bruit d'une nouvelle émission de 3 0/0 amortissable se répandit naguères, et il ne pourrait que s'accentuer si, de l'idée, le gouvernement et les Chambres se décidaient à passer à l'exécution.

L'emprunt présenterait, en effet, les plus graves inconvé-

nients, et nous croyons que le raisonnement suffit à le démontrer.

Pour satisfaire aux exigences des divers programmes de
travaux publics que le gouvernement s'est engagé à réaliser,
en supposant même qu'il s'en tînt aux plus urgents, c'est-à-dire
à ceux dont l'exécution est déjà commencée, le Trésor ne
saurait se passer d'une somme inférieure à un milliard ou
1,200 millions de francs : ces chiffres ressortent des documents
officiels et des diverses propositions de loi déposées dans ces
dernières années. Or, un milliard représente, aux cours
d'émissions jusqu'ici pratiqués, une annuité de 45 millions
environ, amortissement compris ; une nouvelle émission de
3 0/0 amortissable, dans les conditions ci-dessus indiquées,
apporterait donc au chapitre V du budget une charge annuelle
de 45 à 55 millions de francs.

Nous avons vu, au cours de cette étude, que la situation
générale de nos finances se soldait par un déficit qui, de plus
de 150 millions en 1883, menaçait de s'élever, en 1884, à
200 millions, par suite de la diminution ininterrompue des
recettes de l'impôt indirect et de l'aggravation incessante des
crédits supplémentaires ou extraordinaires (1) : une augmentation de dépenses, provoquée par l'emprunt et se produisant
en cette pénible occurrence, ne pourrait donc que rendre
l'équilibre budgétaire de moins en moins possible, à moins
que l'État ne se procurât des ressources équivalentes. Celles-
ci ne pourraient s'obtenir désormais que par la création et
l'application d'impôts nouveaux, car il serait puéril de compter
sur une plus-value appréciable des recettes des chemins
exploités ou sur un rendement immédiatement rémunérateur
des lignes en construction ou projetées. Un autre inconvénient
de l'emprunt serait de grossir les engagements perpétuels ou
à terme de l'État, autrement dit la Dette publique au delà des
forces du pays et de compromettre son crédit. On a trop
abusé, depuis cinq ans, de la facilité d'émission, et l'on est
arrivé à faire franchir à la Dette une limite inconnue chez tous

(1) Au 30 septembre, la moins value des impôts indirects s'élevait à
25 millions de francs.

les autres peuples du continent. La Dette publique consolidée ou terminable (1) en France est actu. llement de 25 milliards environ en capital, exigeant une annuité de 850,165,867 francs : elle représente donc 23 francs par tête d'habitant, et, sur l'ensemble du revenu national évalué à 22 ou 25 milliards, elle prélève tous les ans de 4 à 5 pour cent. Telle qu'elle est, elle est supérieure de 20 pour cent à celle de l'Angleterre et quatre fois et demie plus élevée que celle de l'Allemagne dont les charges, par suite de l'état de guerre où elle se complaît, se sont cependant considérablement accrues depuis 1870. Cet abus de l'emprunt a eu pour effet de retarder l'essor des cours et d'alourdir le marché des capitaux : depuis deux ans, malgré la conversion du 5 pour cent qui eût dû faciliter l'ascension du 3 pour cent vers le pair, la faiblesse a été le caractère dominant des opérations sur les fonds publics. En 1880, le cours moyen du 3 pour cent perpétuel était de 84 fr. 20 et celui de l'amortissable de 86 fr, 0,75 : dans le cours des dix mois écoulés de 1884, cette moyenne est descendue à 77 fr. 30 c. pour la première de ces valeurs et à 78 fr. 58 c. pour la seconde ; d'une année à l'autre, la perte est donc de 9 pour cent environ. Nous n'ignorons pas que, dans l'intervalle, un trouble immense s'est produit sur le marché des capitaux, que l'explosion du krack survenue à la suite du désastre de l'Union Générale, en portant une atteinte profonde à toutes les transactions, a également rendu l'épargne plus soupçonneuse ; mais nous savons aussi, parce que les faits l'attestent, que le public suit d'un œil attentif la marche ascendante de la Dette nationale, qu'il a été affecté de voir le produit de la conversion servir à combler un déficit au lieu d'améliorer, comme les précédentes opérations de même nature, les conditions économiques du pays, et, en présence des charges qui s'accumulent ainsi que de celles que lui réservent les projets de loi à l'étude, il se montre plus réservé, moins confiant et,

---

(1) Nous négligeons la Dette flottante et la Dette viagère dont les annuités cependant dépassent 426 millions et demi ; en ajoutant cette somme aux intérêts de la Dette consolidée et à ceux de la Dette amortissable, on obtient une charge totale de 35 francs par tête d'habitant pour cette partie des engagements du pays.

partant, moins disposé à échanger ses épargnes contre des titres de crédit. Un nouvel emprunt, venant se greffer sur les autres à l'heure du déficit et des moins-values, n'aurait donc d'autre effet que d'accentuer le malaise actuel et d'ébranler la fermeté et la solidité dont les fonds publics ont toujours fait preuve en France.

De plus, il épuiserait cette réserve précieuse que les habitudes d'économie invétérées de nos populations laborieuses entretiennent avec soin, et il priverait la nation d'une ressource inestimable, si l'avenir, pour nous inconnu, apparaissait un peu gros d'orages, si des difficultés internationales nous obligeaient à de nouveaux efforts, imposant par conséquent à la France des sacrifices considérables et immédiats.

Un troisième inconvénient de l'appel direct au crédit, et il a une singulière importance, serait de contraindre le gouvernement à contracter, en une seule fois, un emprunt en rapport avec les besoins qu'il prétend satisfaire, c'est-à-dire considérable. Or, toutes les dépenses prévues ou votées jusqu'ici et auxquelles l'emprunt serait affecté, ne sont pas immédiatement exigibles : une partie d'entre elles ne seront effectuées que dans une ou plusieurs années, à mesure que les travaux auxquels elles s'appliquent s'achèveront. Les ressources obtenues par l'appel au crédit doivent donc, en fin de compte, se reporter sur un nombre plus ou moins considérable d'exercices. L'emprunt, dans les conditions où on serait obligé de le tenter, obligerait le Trésor à immobiliser dans ses caisses, pour une durée plus ou moins longue, des sommes importantes qui demeureraient ainsi sans profit pour le pays et dont il devrait cependant servir régulièrement l'intérêt et l'amortissement. Le taux auquel se ferait l'émission s'en ressentirait naturellement, car on ne déplace pas une masse de capitaux aussi forte que celle à laquelle le Trésor ferait appel, sans consentir à de douloureux sacrifices. Enfin, en l'état actuel de notre bilan économique, l'emprunt aggraverait le malaise de l'industrie et de l'agriculture en raréfiant la somme déjà fort réduite des ressources disponibles que ces deux branches de la richesse publique pourraient utiliser, et en les immobilisant sous la forme de valeurs de crédit.

Le second procédé qui s'offre au gouvernement et aux Chambres, pour parer aux difficultés du présent, est la cession du réseau de l'État, dont la constitution a été, ainsi que nous l'avons démontré, le point de départ de nos embarras financiers. L'idée de cette cession a déjà fait beaucoup de chemin, et, à l'hostilité systématique qu'elle rencontrait naguère, a succédé une sorte de résignation qui confine à l'acquiescement. Le monde commercial et industriel s'y montre tout particulièrement favorable, et, malgré les améliorations apportées à l'organisation du réseau gouvernemental par les conventions de 1883, cette disposition ne s'est pas démentie.

Les chambres de commerce des régions desservies ou traversées par les chemins de l'État ont fait ressortir l'impossibilité pour lui de s'étendre et de prospérer avant une époque très éloignée, et de sortir de la condition précaire à laquelle sa constitution même le condamne. Les Conseils généraux ont joint leurs observations à celles des corps consulaires, et celui de la Charente-Inférieure entre autres s'est montré particulièrement sévère dans ses appréciations : « Quelques esprits crédules, disait son rapporteur dans la session de 1883, se sont imaginé que l'on pourrait tirer un grand bénéfice de cet internement dans un réseau d'État avec son mirage de faveurs et de largesses. Etant donnée une situation budgétaire où les dépenses risquent d'excéder les recettes, sans qu'il reste un centime de réserves, il me paraît peu enviable pour le département d'être rejeté dans un système dont tout l'espoir repose sur le budget de l'État pour l'exécution de ses voies ferrées. Un argument souvent invoqué en faveur du réseau de l'État, c'est qu'il est une matière à expériences. C'est précisément ce que nous devons redouter. Vous penserez, Messieurs, que c'est une triste condition pour une région agricole et commerciale comme la nôtre d'être une matière à expériences, et vous voudrez séparer le plus tôt possible la fortune du département de celle d'un réseau valétudinaire. »

Au sein de la Commission parlementaire chargée de l'examen du budget de 1885, l'idée de la cession a trouvé un interprète résolu, M. Germain, député de l'Ain, et président du conseil d'administration du Crédit Lyonnais. Dans un discours prononcé devant ses électeurs, au mois d'août dernier, l'habile financier avait déjà abordé la question, et, après avoir fait ressortir les dangers du programme de travaux publics voté par les Chambres, il avait conclu à l'abandon de l'exploitation officielle. Il a renouvelé cet exposé devant la commission budgétaire dont il fait partie, et conseillé la vente du réseau de l'État ; il pense que le Trésor retirerait aisément de cette opération une somme de sept cents millions (1) qui permettrait de supprimer le budget extraordinaire. La question du chiffre de l'indemnité nous préoccupe peu en l'espèce, mais la proposition en elle-même mérite d'être relevée.

Ainsi, en principe, le procédé de l'abandon du réseau de l'État est maintenant, sinon universellement adopté, du moins universellement discuté, même avec une sollicitude croissante.

On considère qu'il aurait l'avantage inappréciable de supprimer la cause première des déficits, d'alléger le budget des crédits incessants réclamés pour les travaux de chemins de fer et de donner aux lignes de l'État une organisation plus commerciale qu'administrative, par conséquent plus rémunératrice.

La cession admise, il reste à examiner à qui et dans quelles conditions elle devrait ou pourrait se faire.

Deux systèmes se trouvent en présence, l'un consistant à vendre le réseau à une Société nouvelle, l'autre à le rétrocéder purement et simplement aux grandes Compagnies qui l'avoisinent.

Le premier système avait déjà des promoteurs en 1878 ; il donna lieu, si nous avons bonne mémoire, à des projets intéressants sur la constitution d'un septième réseau et d'une Compagnie du Sud-Ouest, et nous croyons qu'il compte encore aujourd'hui des défenseurs, moins nombreux et moins enthousiastes peut-être qu'au début, mais aussi pénétrés de l'excellence de leur opinion.

Les inconvénients que ce système entraîne à sa suite, déjà

---

(1) Cette évaluation ne nous paraît reposer sur aucun fondement sérieux, surtout si nous nous reportons aux conditions des lignes qui composent le réseau de l'État lors de leur rachat.

signalés avec une grande netteté lors de son éclosion, n'ont pas disparu, et nous pourrions prouver que, dans une certaine mesure, ils se sont aggravés. Ces inconvénients sont de plusieurs sortes ; ils touchent à la fois au mode de libération de la nouvelle Compagnie envers le Trésor et à l'exploitation du réseau.

En ce qui concerne le mode de libération, les concessionnaires feraient revivre avec plus ou moins d'intensité les dangers provoqués par l'emprunt direct, suivant la durée des délais fixés pour le remboursement du prix des lignes, en attirant subitement à eux un capital considérable réclamé et obtenu de l'épargne publique. Mais ce côté de la question est le moins difficile à résoudre et, si intéressant qu'il soit sous le rapport de son influence sur le crédit public, il ne suffirait pas à faire repousser la proposition.

Il n'en saurait être de même de l'exploitation.

Nous avons prouvé, avec le concours de documents officiels et à l'aide des affirmations des hommes les plus compétents, que les lignes de l'État ne pourraient, dans les conditions géographiques de leur tracé, donner des résultats financiers satisfaisants, et que, plus s'agrandirait le réseau, plus les charges du Trésor s'augmenteraient, et plus par conséquent le déficit s'affirmerait : « Si on le maintient tel qu'il est, dit M. Lesguiller, ce réseau couvrira à peine ses frais d'exploitation, et l'intérêt des dépenses de premier établissement viendra grever notre budget. »

En effet, il suffit d'examiner la situation du réseau de l'État composé de petits tronçons distincts et séparés les uns des autres, sans attache directe sur une artère importante, pour se convaincre qu'il n'est pas né viable. A l'heure actuelle, l'excédent que le document officiel attribue aux services de ce réseau est inscrit, dans le projet de budget de 1885, pour une somme de 2,751,000 francs ; mais nous savons ce qu'il faut penser de cet excédent obtenu soit par des procédés de comptabilité dont ne pourrait se déclarer satisfait le moindre gérant d'une Société industrielle, soit au moyen de contrepassements, des comptes du budget ordinaire aux comptes du budget extraordinaire des Travaux Publics, de dépenses importantes concernant les frais de premier établissement des lignes nouvelles ou de réfection des anciennes. Le paiement à l'État d'une somme de sept cents millions (1) (si toutefois on admettait le chiffre indiqué par M. Germain au sein de la Commission du budget) grèverait le budget de la Société concessionnaire d'une somme d'annuités de 35 millions environ ; de telle sorte que l'excédent prévu par l'Administration, à la condition d'être exact, se changerait en un déficit réel de 32,250,000 francs.

Or, ce déficit ne représente pas le chiffre total des sacrifices auxquels serait exposée une Société nouvelle. D'après les plans établis, en 1878, par le ministre des travaux publics et approuvés par les Chambres, il reste à construire un certain nombre de lignes promises, dès cette époque, aux populations, dont l'État s'est réservé la construction et qui sont appelées, en partie, à se souder au réseau officiel ; les dépenses d'établissement de ces lignes aggraveront encore la situation que nous venons de tracer, et elles seront lourdes s'il faut en croire l'un des adversaires déclarés des grandes Compagnies :

« On a promis des lignes qui coûteront trois, quatre, cinq ou six cent mille francs le kilomètre, disait M. Allain-Targé, au cours de la discussion sur les conventions, et qui n'auront jamais de trafic, qui ne rendront aucun service. » Et, en admettant même qu'elles provoquent un trafic, elles n'en feront point profiter le réseau nouveau auquel elles appartiendront, par la raison toute simple, que nous avons déjà fait ressortir, que le tracé de ce réseau ne lui permet pas d'effectuer lui-même directement le transport du point de départ au point d'arrivée. « Vous comprenez bien, ajoutait M. Allain-Targé, que quand une petite ligne nouvelle de 15 à 20 kilomètres prend du trafic, elle va le porter aux lignes des grandes Compagnies qui, elles, le font courir sur leur réseau pendant 150 ou 200 kilomètres, de sorte que nous enrichissons les grandes Compagnies avec les petits tronçons qu'à grands frais notre budget extraordinaire vous sert à construire et à faire exploiter. »

_____

(1) Nous ne prenons ce chiffre que comme base de notre discussion, mais il nous paraît dépasser sensiblement la valeur du réseau de l'État considéré exclusivement au point de vue industriel et commercial.

Quelque exagérées que soient ces assertions, elles possèdent un fond de réalité dont il faut tenir compte dans l'examen des procédés à adopter. Il est incontestable que le trafic provoqué par les petites lignes en exploitation du réseau de l'État profite en partie aux réseaux de l'Ouest et d'Orléans, sans risques et sans sacrifices pour ceux-ci, puisque les frais d'administration et d'exploitation des lignes de l'État sont supportés par l'État qui administre et exploite, et que ce dernier est obligé, pour faire vivre son réseau, de recourir aux grandes artères dont il est privé.

Mais, dira-t-on, le gouvernement peut faire cesser ou du moins atténuer ces causes d'infériorité en accordant des concessions à la septième Compagnie proposée, et en lui permettant de construire une artère importante semblable à celle des grandes Compagnies au moyen de la prolongation de ses lignes jusqu'à Paris. C'était là l'idée secrète des promoteurs du réseau du Sud-Ouest en 1878, et les objections qui leur furent opposées alors sont toujours, à l'heure présente, aussi puissantes et aussi concluantes.

Il est reconnu par l'expérience que, au point de vue économique, les régions de l'Ouest et du Sud-Ouest de la France sont amplement et suffisamment rattachées à la capitale par les diverses voies qu'exploitent les Compagnies d'Orléans et de l'Ouest ; la statistique officielle qui reproduit les chiffres du trafic en témoigne. La construction d'une nouvelle ligne dirigée de la même contrée vers Paris ne saurait accroître dans une proportion sensible le mouvement commercial ou industriel qui s'en dégage, et elle aurait par contre le pénible inconvénient de faire concurrence à ces deux Compagnies et de vivre aux dépens de leurs recettes actuelles. Or, on n'ignore pas qu'un contrat fort étroit lie les grandes Compagnies avec l'État ; qu'en vertu de ce contrat, si l'État est nu-propriétaire du réseau tout entier et s'est réservé une part dans les bénéfices à venir qu'il peut réaliser, il est également responsable des moins-values qui se manifestent dans les recettes nettes des Compagnies et est tenu, en cas d'insuffisance, de servir, sous forme de garantie d'intérêts, la différence existant entre les dépenses nettes et la recette nette. L'établissement d'une troisième artère se dirigeant sur la capitale parallèlement à celles d'Orléans et de l'Ouest, en diminuant de la part qui leur reviendrait le trafic de ces deux lignes, affaiblirait leurs recettes, porterait peut-être atteinte à l'équilibre de leurs finances et provoquerait, en fin de compte, sous forme de garanties d'intérêts, l'intervention de l'État, déjà contraint, en exécution des contrats, de combler les moins-values qui pourraient survenir dans les produits du nouveau chemin concédé. Les charges du Trésor s'accroîtraient donc des insuffisances, non seulement de la septième Compagnie, mais encore des deux anciennes ; et comme l'État est l'associé des grandes Compagnies, il se ferait à lui-même une concurrence ruineuse. Enfin on ne saurait admettre qu'une Compagnie nouvelle consentît à se charger d'un pareil fardeau sans assurer au capital d'établissement par elle engagé une rémunération satisfaisante. Les calculs que nous venons de faire et qu'elle ne négligerait certes pas de faire elle-même, avant d'accepter l'administration d'un réseau précaire, lui démontrant le résultat négatif de l'exploitation, la porteraient à réserver ses intérêts et à les mettre à l'abri de toute atteinte ; en un mot, dans le cahier des charges dressé à son intention, elle exigerait l'insertion d'une clause garantissant, outre l'intérêt des obligations émises ou à émettre, un revenu minimum au capital actions. Ce serait là encore une nouvelle aggravation imposée aux finances publiques et qui se traduirait par un chiffre de millions assez important.

Il en serait tout autrement du système qui aboutit à la rétrocession du réseau de l'État aux deux administrations d'Orléans et de l'Ouest, dont ce dernier est enveloppé de toutes parts et auxquelles aboutissent ses tronçons.

Tout d'abord, cette rémunération spéciale que réclamerait une Compagnie nouvelle pour son capital d'établissement n'aurait plus de raison d'être en l'espèce ; ensuite, la réunion des capitaux nécessaires à l'acquisition des lignes officielles se ferait, dans cette seconde hypothèse, à des conditions beaucoup plus avantageuses pour l'État.

On sait, en effet, que les grandes Compagnies jouissent d'un crédit considérable tant à l'étranger qu'en France et que la sévérité avec laquelle est conduite leur administration, la régularité qui préside à leur organisation financière, ainsi que la garantie dont l'État entoure les titres émis par elles leur ont créé une place unique sur le marché des capitaux. Il leur serait par conséquent aisé de se procurer les sommes destinées à payer le prix du rachat ; elles auraient même, sous ce rapport, une supériorité marquée sur l'État. Leurs obligations, recherchées de l'épargne, se classent d'elles-mêmes sans l'intervention de la spéculation, ce qui n'a pas lieu depuis longtemps pour les emprunts du Trésor ; les émissions s'en font aux guichets des gares, aisément, sans frais appréciables, au fur et à mesure des besoins à satisfaire, par conséquent sans trouble pour le marché des valeurs, sans charges trop lourdes pour les Compagnies, puisque les quantités écoulées sont toujours calculées de façon à produire strictement les sommes immédiatement indispensables et à ne pas immobiliser des capitaux momentanément inutiles. La pratique de chaque jour permet de constater l'exactitude de ce fait : dans le cours de l'année présente, les Compagnies, afin d'obéir aux stipulations édictées par les conventions de 1883, ont émis pour plus de 300 millions de francs d'obligations, et un journal bien renseigné annonçait naguère que ce chiffre serait doublé avant le 31 décembre. Le marché des capitaux en a-t-il été affecté ? Le cours des obligations des chemins de fer français en a-t-il été impressionné ? Non : au 31 décembre 1883, le cours moyen de ces valeurs variait entre 350 fr. 85 c. pour l'obligation de l'Est et 366 fr. 50 pour celle du Nord ; actuellement (Novembre 1884) il oscille entre 373 fr. 60 pour l'Ouest et 378 fr. pour le Nord ; autrement dit, il s'est amélioré dans une proportion qui n'est pas moindre de 6 à 7 pour cent d'une époque à l'autre.

Considérée sous les différents aspects que nous avons signalés, une entente avec les grandes Compagnies, l'exposé précédent le démontre, aurait de sérieux avantages, et elle n'entraînerait après elle aucun des inconvénien's que nous constatons dans les deux autres combinaisons. La rétrocession pure et simple qui leur serait consentie des lignes formant le réseau de l'État procurerait au Trésor tout ce qu'il attend de l'emprunt, c'est-à-dire le capital qui lui fait défaut pour faire face à l'exécution des lois votées par le Parlement ; ensuite, d'une part, l'emploi du système des émissions successives d'obligations en rapport avec les besoins immédiats à satisfaire, qui en serait la conséquence, enlèverait au Trésor la charge d'une accumulation improductive de fonds à laquelle le condamnerait certainement l'emprunt direct ; et, d'autre part, le marché des valeurs, si nerveux, si impressionnable depuis quelques années, n'en éprouverait aucun trouble. En outre, cette combinaison supprimerait les dépenses d'entretien que le réseau officiel impose chaque année au budget, tout en assurant le service et le développement des lignes dont il se compose. Enfin, les recettes des grandes artères de l'Ouest et d'Orléans, et principalement de cette dernière, qui absorberait la plus grande partie des chemins de l'État, s'accroissant annuellement de 2 à 3 pour cent, permettraient aux Compagnies qui l s exploitent d'atténuer les moins-values des lignes nouvelles ou insuffisamment alimentées dont l'annexion serait consentie. De la sorte le Trésor ne se verrait pas menacé, comme dans l'hypothèse de la constitution d'une Compagnie nouvelle, d'accroître sensiblement la portée des concours financiers qu'il accorde actuellement aux chemins de fer et de livrer les ressources futures du budget à l'inconnu et aux aventures.

III.

CONSÉQUENCES DE LA RÉTROCESSION DU RÉSEAU D'ÉTAT AUX GRANDES COMPAGNIES

Quelles seraient les conséquences financières et économiques qui découleraient de l'adoption du système de la rétrocession, tant pour les Compagnies concessionnaires que pour l'État, et que deviendrait le réseau d'État lui-même confondu dans les réseaux limitrophes ?

Cette double question a été examinée avec le plus grand soin à différentes reprises, depuis le jour où l'état des finances publiques, en faisant naître partout de vives inquiétudes, a provoqué en même temps à la recherche des remèdes, et nous ne pouvons que reproduire, sans nous y appesantir, nos propres observations basées sur la statistique, et confirmées par l'expérience

En ce qui concerne le réseau de l'État, sa fusion dans le réseau des grandes Compagnies exercerait la plus puissante et la plus favorable influence sur son développement et sur sa prospérité. Nous avons indiqué plus haut les causes de sa faiblesse, elles résident dans le peu d'importance des débouchés qui lui sont attribués, dans l'éparpillement des chemins qui le composent, dans l'absence d'homogénéité et d'unité pour l'exécution de son tracé, et dans le mode d'exploitation auquel il est soumis. En devenant partie intégrante des réseaux limi-
-trophes, il sera immédiatement soumis aux lois et aux règlements qui président à la gestion des grandes Compagnies. De ce chef, le gaspillage, les dépenses exagérées ou inutiles, l'in-

curie, l'imprévoyance, en un mot les abus qui sont d'ordinaire la caractéristique de l'administration officielle disparaîtront, et, avec eux, une grande partie des frais d'exploitation, qui, en se fondant dans l'ensemble des frais des grands réseaux, laisseront une marge plus considérable au développement des recettes nettes. Au point de vue des services, une notable amélioration se produira. Jusqu'ici, l'antagonisme qui existe entre le réseau de l'État et les lignes qui l'avoisinent n'a pu que nuire aux intérêts des contrées desservies par ses voies et à l'essor des industries qu'alimentent ses transports ; les détournements de trafic dont les partis accusaient les grandes Compagnies d'abuser se font quotidiennement sur le réseau officiel, sans réserve comme sans respect pour les droits des tiers, de même que l'application des tarifs, variable suivant les conditions de l'expéditeur et les influences politiques qu'il peut utiliser, blessent à la fois le principe de l'égalité et les lois économiques les plus élémentaires. Désormais l'intérêt commercial se substituera à l'intérêt politique, et l'État, toujours investi du droit de contrôle par les lois antérieures, se tiendra au-dessus des conflits, pour les juger et pour les trancher au besoin, dans une attitude d'impartialité que lui défend, à l'heure présente, sa double qualité d'exploitant et de concurrent.

Les grandes Compagnies, de leur côté, feront à la vérité, un immense sacrifice en acceptant l'annexion de lignes dont le prix de rachat grévera leurs budgets d'une annuité de 35 à 40 millions et amoindrira ensuite leurs recettes nettes du montant des moins-values qui résultent ou résulteront, dans la suite, de l'exploitation du réseau d'État accru des chemins en construction qui lui ont été attribués. Toutefois, étant connue la puissance du trafic de leur réseau principal, le revenu net kilométrique moyen qu'il produit, bien qu'affaibli par l'annexion de lignes moins rémunératrices que celles qu'elles possèdent, fléchira dans une proportion moindre que celui du réseau de l'État maintenu dans les conditions d'exploitation actuelles et surtout agrandi. De plus, aux sacrifices qu'elles devront supporter, elles trouveront une compensation, tant dans l'augmentation des débouchés ouverts et entretenus par les chemins du Sud-Ouest que dans le courant de trafic que ceux-ci détermineront entièrement à leur profit.

En un mot, le réseau de l'État, fusionné avec des réseaux riches, puissants et possédant des débouchés remunérateurs contribuera à accroître le mouvement commercial des Compagnies concessionnaires et participera, à son tour, aux bénéfices qui en découleront.

Enfin, avec le temps, on peut espérer que les insuffisances résultant de l'écart qui existe entre les recettes brutes et le coût d'exploitation des chemins du Sud-Ouest, jointes aux intérêts du capital de premier établissement, s'évanouiront pour ne laisser apparaître que des bénéfices. Cette perspective est encore éloignée, mais elle ne saurait être trompeuse. Quant à l'État, il y gagnera, avec la disparition tant des charges que l'administration de son réseau lui impose, que des dépenses croissantes de la construction des lignes du troisième réseau, la jouissance de tous les profits directs ou indirects qu'il retire déjà des autres Compagnies de chemins de fer. La création d'obligations destinées à constituer le prix du rachat entraînera, en effet, après elle les droits de timbre, de transfert et de mutation, auxquels s'ajoutera l'impôt sur le revenu des valeurs mobilières dont le Trésor est actuellement privé, le tout représentant un bénéfice d'autant plus important que s'accroîtra le nombre de kilomètres construits et par conséquent le capital employé à l'achèvement total du réseau. Il suffit d'indiquer que, sur l'ensemble des chemins exploités par les grandes Compagnies et par les Compagnies secondaires diverses, concessionnaires de chemins de fer, le Trésor perçoit annuellement une redevance de 270 millions de francs environ dont 170 millions en espèces et 100 millions représentés par des économies réalisées, ce qui fait ressortir 10.000 francs par kilomètre. En appliquant ce produit à chacun des kilomètres qui entrent dans la composition du réseau gouvernemental, on obtiendrait ainsi, en faveur du Trésor, un supplément de revenu qu'on peut évaluer actuellement à plus de 21 millions de francs, équivalant par conséquent aux quatre cinquièmes des charges que le réseau gouvernemental, tel qu'il fonctionne, impose maintenant au budget de l'État.

IV

CONCLUSION

Telles sont les réflexions que nous suggèrent l'examen attentif de nos finances et le souci de notre crédit.

Des deux solutions qui s'offrent au Gouvernement pour mettre un terme aux inquiétudes du pays et pour se procurer les ressources nécessaires à la poursuite des grands travaux que la prodigalité des Chambres et l'imprévoyance des Pouvoirs publics ont fait entreprendre dans toutes les branches de l'outillage national, la cession du réseau de l'État aux grandes Compagnies nous paraît la seule avantageuse à tous les points de vue, la seule qui soit en même temps, quoi qu'à un degré différent, conforme à l'intérêt bien entendu des deux parties contractantes.

Le désordre financier a pris naissance dans la création du réseau de l'État, qui lui-même a engendré le budget extraordinaire des travaux publics. Pour porter remède au mal que ces aventureuses conceptions nous ont fait jusqu'ici, il est donc indispensable de l'attaquer dans sa racine en supprimant complètement le budget extraordinaire et en enlevant au Gouvernement les soucis d'une exploitation pour laquelle il ne possède aucune aptitude, aucune des qualités requises. Un traité spécial avec les deux Compagnies limitrophes des chemins officiels assurera au Trésor, dans les délais et dans les proportions qu'il jugera convenables, des sommes importantes, provenant de la vente de son réseau, qui lui permettront de subvenir, sans faire appel à l'impôt, aux frais des travaux entrepris pour l'aménagement des voies navigables, des ports, canaux ou rivières, et de doter convenablement la caisse des chemins vicinaux et celle des écoles.

Pour s'arrêter à cette résolution, le Gouvernement n'a pas à se déjuger. En se reportant au texte des considérants de la loi de 1878 qui autorisait le rachat, aux frais du Trésor, des lignes du Sud-Ouest déchues de leurs droits, il lui est aisé de s'assurer que l'exploitation officielle n'y a pas été prescrite à titre définitif, et qu'au contraire l'auteur-rédacteur du projet de loi lui-même, M. de Freycinet, y a inséré un article stipulant que « en attendant qu'il fût statué sur les bases définitives du régime auquel seraient soumis les chemins de fer repris par l'État, le Ministre des Travaux publics était autorisé à assurer l'exploitation *provisoire* de ces lignes à l'aide de tels moyens qu'il jugerait le moins onéreux pour le Trésor. »

Or, il n'a jamais été statué définitivement, depuis cette époque, sur les bases du régime à imposer à ce réseau ni sur le mode d'exploitation à lui attribuer ; le provisoire s'est prolongé jusqu'à nos jours, laissant aux pouvoirs publics la faculté de se prononcer sûrement et de faire au besoin une retraite honorable quand ils jugeraient l'experience tentée suffisamment concluante. L'expérience est faite désormais et il nous semble difficile qu'elle plaide plus éloquemment qu'à l'heure présente en faveur du retour pur et simple au régime de 1859 qui a assuré la prospérité des grands réseaux et la construction des voies ferrées sur toute l'étendue du territoire. Le succès des conventions de 1883 témoigne hautement du revirement qui s'est opéré dans les esprits au sujet du régime des chemins de fer ; l'idée de l'exploitation par l'État qui avait peu à peu conduit à celle du rachat de toutes les lignes françaises s'est promptement évanouie devant les résistances de l'opinion manifestées par la presse et par les représentants de tous les corps compétents ; le délabrement de nos finances lui a porté le dernier coup et a décidé la victoire de l'exploitation privée. L'œuvre accomplie par le Gouvernement en novembre 1883 appelle naturellement la disparition du réseau de l'État: celle-ci est le complément nécessaire de celle-là, et elle était comprise implicitement dans les dispositions nouvelles qui donnèrent naissance aux dernières conventions conclues avec les grandes Compagnies.

L'immense majorité du pays attend d'ailleurs cette solution avec une impatience croissante : les chambres de commerce y sont revenues avec une insistance qui témoigne de la portée qu'elles lui attribuent et des avantages qu'elles en attendent pour l'avenir des transports par voies ferrées comme dans l'intérêt de l'industrie et du commerce. Le rejet, par la Commission du budget, de la proposition Germain ne peut être qu'un ajournement à brève échéance : l'idée a été émise, elle a trouvé des défenseurs convaincus dans le monde parlementaire; elle ne peut donc tarder à trouver des adeptes dans les sphères gouvernementales et à passer de la théorie à la pratique. Là est, nous ne disons pas le salut de nos finances, mais tout au moins le moyen unique d'atténuer les effets de la crise à laquelle les ont acculées les prodigalités des sept dernières années et la mise en pratique des gigantesques programmes édictés par les Chambres.

TABLE

Paris-Imp. PAUL DUPONT, 41, rue Jean-Jacques-Rousseau.   2698.11.84 R

Paris, Imp. PAUL DUPONT, 41 rue Jean-Jacques-Rousseau. — 2699.11.84 My.

www.ingramcontent.com/pod-product-compliance
Lightning Source LLC
Chambersburg PA
CBHW061324050726
47595CB00005B/1813